Dewch i siopa gyda Bili.

"Dw i eisiau prynu rhywbeth crwn, coch," meddai Bili.

Yn y siop fwyd mae rhywbeth crwn, coch.
Beth ydy e?

Afal.

Yn y siop lestri mae rhywbeth crwn, coch.
Beth ydy e?

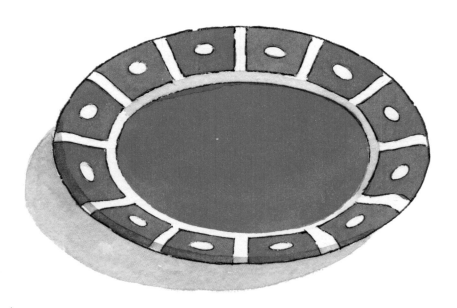

Plât.

Yn y siop deganau mae rhywbeth crwn,
coch.
Beth ydy e?

Pêl.

Yn y siop gwisg ffansi mae rhywbeth crwn, coch.
Beth ydy e?

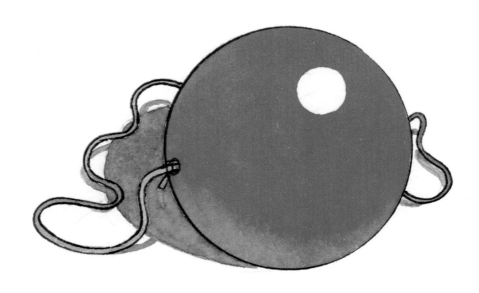

Trwyn.

"Ga i'r trwyn, os gwelwch chi'n dda?"
meddai Bili.
"Diolch yn fawr."

"Dw i'n mynd i siopa eto," meddai Bili.
"Dw i eisiau prynu rhywbeth hir, gwyrdd."

Dewch yn ôl i siopa gyda Bili.
Chwiliwch am rywbeth hir, gwyrdd.
Ewch yn ôl eto a chwiliwch am rywbeth
melyn siâp triongl.

Ydych chi wedi gweld y pethau hyn?

Beth mae Bili wedi prynu?
Edrychwch ar y clawr cefn.

Cyhoeddwyd gan **Y Ganolfan Astudiaethau Addysg**, Aberystwyth gyda chymorth ariannol Awdurdod Cymwysterau, Cwricwlwm ac Asesu Cymru.

ISBN: 1 85644 833 9
          1 85644 834 7 (cês)

Diolch i Sali Davies, Jean Drew, Catrin Griffiths a Delma Thomas am eu harweiniad gwerthfawr.

Diolch hefyd i Janet Griffiths, *Toy Cave*, Aberystwyth.

Golygwyd gan Delyth Ifan

Dyluniwyd gan Richard Huw Pritchard

Argraffwyd gan Y Lolfa

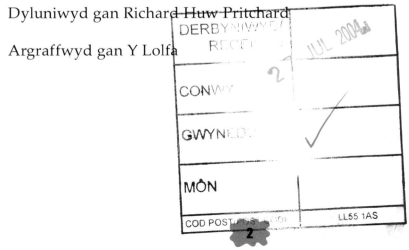

2

Siopa gyda Bili

Dylid dychwelyd neu adnewyddu'r eitem erbyn neu cyn y dyddiad a nodir uchod.
Oni wneir hyn gellir codi tal.

This book is to be returned or renewed on or before the last date stamped above,
otherwise a charge may be made.